ENTRE INTERCULTURALITE ET INTEGRATION MIGRATOIRE

Je dédie ce travail au Dr. Francine Achatz et je remercie
toutes les personnes qui y ont pris part.

Martine Schnell

Edition : Books on Demand,
12/14 rond-Point des Champs-Elysées, 75008 Paris
Impression : BoD - Books on Demand, Norderstedt, Allemagne
ISBN : 9782322184200
Dépôt légal : Décembre 2019

Le lecteur trouvera dans ces pages des réflexions sur le thème de la migration et de l'interculturalité. Avec comme point de départ une exposition sur les femmes migrantes de l'Association suisse « Appartenances », nous avons su tisser des liens vers la psychologie, la philosophie et la littérature. La condition des migrants y est traversée par une situation interculturelle et transculturelle singulière.

L'auteur

Éditrice indépendante, fondatrice des Éditions Schnelltrad, traductrice et formatrice à Mulhouse. Docteur en études germaniques de l'université de Haute-Alsace et de l'université de Leipzig; Membre de l'Institut de Langues et littératures européennes de l'université de Haute-Alsace. Recherches en cours sur l'intertextualité entre la littérature, l'art et la sociologie.

Thèse sur l'écrivain allemand Christa Wolf. (2003). Publications sur la littérature de RDA: *Lecture plurielle de l'œuvre de Christa Wolf*, Stuttgart: Ibidem-Verlag, 2004. Version allemande parue sous le titre, *Jetzt sind wir dran was jetzt geschieht geschieht uns. Christa Wolf im Spannungsfeld ihrer Vorgängerinnen und Zeitgenossen des 19. und 20. Jahrhunderts*. Stuttgart: Ibidem-Verlag, 2004. A partir de 2012, *Autour de Christa Wolf,* collection d'ouvrages consacrés à Christa Wolf, aux Editions BOD et aux Editions Schnelltrad.

MARTINE SCHNELL

Entre interculturalité et intégration migratoire.

Approches pluridisciplinaires de la femme migrante.

Editions Schnelltrad via BOD 2019

SOMMAIRE

Facteurs d'intégration de la femme migrante et interculturalité.

A propos d'une exposition de l'association suisse « Appartenances » permettant des approches interculturelles

Introduction

Notre étude s'intéresse aux facteurs d'intégration de la femme migrante et à leur dimension interculturelle. Ces réflexions font suite à une exposition organisée par l'Association Appartenances à l'Université de Haute-Alsace, dont nous allons analyser les différentes thématiques interculturelles. Puis nous allons nous pencher sur deux témoignages sur la migration : l'un à dominante psychologique, l'autre à dominante philosophique et littéraire. Les textes littéraires feront référence à l'œuvre de l'écrivaine est-allemande Christa Wolf.

Pour l'analyse de ce corpus hétéroclite par le biais de l'interculturalité, nous nous efforçons de répondre à la question suivante : Quels sont les indices relevant de l'interculturel, présents dans ce corpus ?

1) L'exposition « Migrations intimes » de l'Association suisse « Appartenances » à l'Université de Haute-Alsace.

Dans le cadre d'un colloque international et interdisciplinaire sur le thème « Les voix des femmes migrantes », organisé par l'Institut de Langues et Littératures européennes (ILLE) de l'Université de Haute-Alsace, l'exposition « Migrations intimes » a été présentée du 11 avril au 3 mai 2019 à la Maison de l'Etudiant. Cette exposition initiée par l'Association suisse « Appartenances » et le Bureau de l'intégration de Vevey, a déjà été visible dans diverses villes de Suisse romande dont notamment Yverdon, Vevey, Lausanne. Elle se compose de grands panneaux sur lesquels sont reproduits des récits et témoignages de migrantes, arrivant ou étant établies en Suisse. Les récits ont été recueillis par Florence Hügi et les photographies par Hélène Tobler au sein des « Espaces Femmes » de l'Association.

2) Les « Espaces Femmes » et les objectifs de l'Association « Appartenances »

Les Espaces Femmes sont implantés à Vevey, Yverdon les Bains et Lausanne. Le descriptif d'un panneau de l'exposition les décrit comme des lieux de rencontre et de formation à destination de femmes migrantes en situation de précarité et de leurs enfants en âge préscolaire. Les activités proposées doivent leur donner les moyens « d'augmenter leur pouvoir d'agir »[1]. En effet, les Espaces Femmes favorisent l'autonomie et l'intégration des femmes migrantes en proposant en premier lieu une permanence d'accueil. Comme il est très important que l'intégration se fasse par l'apprentissage langagier, les « Espaces femmes » proposent aussi des cours de langue française intensifs ou à thématique spécifique sur la couture ou sur le thème « Une étape vers un emploi » ou encore « Grossesse, naissance et petite enfance ».[2] En outre, lors de « Rencontres communautaires », des échanges interculturels se font au travers d'événements socioculturels ou de visites d'expositions. Des activités ponctuelles permettent aussi aux apprenantes, qui en sont elles-mêmes les animatrices, un échange de savoirs et de techniques spécifiques à chaque culture. Un accompagnement social, notamment avec des consultations psychothérapeutiques[3] et un accueil enfants viennent renforcer le soutien apporté à ces femmes.

---

[1] Comme le mentionne le site web de l'association : www.appartenances.ch (site consulté le 24.07.2019).

[2] Nous allons établir dans la seconde partie de ce travail, un lexique interculturel sur les termes de la naissance, de la petite enfance et de la gynécologie.

[3] L'approche psychosociale sera plus amplement développée dans la deuxième partie de ce travail.

L'association Appartenances intervient dans les domaines de la prévention et la promotion de la santé, les soins, la formation et l'intégration en direction des familles migrantes en Suisse, plus spécifiquement des femmes. Elle a été fondée à Lausanne en 1993 par des médecins et travailleurs sociaux. Elle compte 220 collaborateurs, dont 140 interprètes et des équipes de bénévoles.

L'équipe pluridisciplinaire intervient dans quatre secteurs, définissant ainsi quatre objectifs principaux : la consultation psychothérapeutique pour migrants, les Espaces sociaux, l'interprétariat communautaire et la formation. Elle compte cinq lieux d'activité à Lausanne, Vevey et Yverdon-les-Bains.

3)   Analyse des thématiques de l'exposition itinérante « Migrations intimes »

Elle se compose de 21 panneaux, dont 4 panneaux textes, 4 panneaux image et 13 panneaux image et texte. Les panneaux sont en roll-up en aluminium, à bannière enroulable. On y trouve des témoignages de femmes, recueillis lors de neufs rencontres différentes[4].

---

[4] Le projet est expliqué sur le panneau « Comment ce projet prend sens ».

Le premier panneau présente l'Association « Appartenances ». Puis, les autres panneaux permettent d'aborder les thématiques suivantes :

a) La vision interculturelle de la Suisse.

Un panneau évoque une immigrée Syrienne, qui ne connaît pas ses voisins. Elle raconte que pendant le Ramadan, elle a sonné à leur porte pour apporter un plat, mais ils lui ont ouvert sans aucune discussion et ont refermé la porte. A priori, la Suisse n'apparaît pas ici, comme un pays très ouvert. Cette même famille a acheté un laser à leurs enfants et ils ont joué sur le balcon. Comme cela est interdit, les voisins ont appelé la police, et c'est à cette occasion que cette famille a pu parler à ses voisins. Mais un autre témoignage sur le panneau suivant s'intitulant « Comment j'imaginais la Suisse » évoque ce pays comme un rêve, où le gouvernement est stable, le pays en paix et la vie tranquille. C'est celui de Bollywood[5], c'est un rêve, mais tout est sécurisé et les gens vivent dans leur bulle.[6]

Le panneau « Comment s'intégrer c'est compliqué » évoque le cas d'une personne syrienne ayant reçu un appel de sa mère, stipulant que sa sœur va mal. Ainsi « son cœur est à la maison ».[7] En outre, une personne originaire d'Erythrée livre

---

[5] Jeu de mot présent sur le panneau.

[66] Selon le texte du panneau.

[7] Selon le panneau.

son témoignage dans le même contexte. Elle souhaite faire venir toute sa famille en Suisse, car elle lui manque. Ainsi, tout le monde aurait une vie normale. Mais les conditions d'intégration sont difficiles. « C'est difficile de devenir Suisse » déclare cette personne, car le pays demande aux adultes arrivants de s'adapter par l'apprentissage de la langue et en trouvant un travail. En outre, cette personne aimerait que les enfants de migrants nés en Suisse obtiennent automatiquement la nationalité de leur pays d'accueil, surtout si plus tard, ils maîtrisent mieux le Français que leurs parents.

Par ailleurs, le panneau « Comment ma culture me condamne au racisme » relate simplement une anecdote d'une migrante dont le fils a peur des chiens. Après discussion avec son voisin, ce dernier a refusé de l'attacher en disant que si ceci ne lui convenait pas ils n'avait qu'à rentrer chez lui en Afghanistan. Un autre témoignage d'une femme rapporte qu'après des années en Suisse, elle reste l'étrangère ou qu'on la considère comme une voleuse dans les magasins puisque sa peau est foncée. Une anecdote relate le fait qu'un enfant a voulu ouvrir une brique de lait durant les cours. Comme il n'y était pas parvenu la mère a remis la brique dans le rayon. Une cliente « européenne » a ainsi effectué une remarque sur l'éducation des enfants.

b) Les stéréotypes sur la Suisse

Un panneau relate le fait suivant raconté par une migrante : « La première fois que j'ai senti **une fondue**, j'ai vomi. Cette odeur… Le fromage et le vin mélangé, quand on vient d'Asie… Je me suis habituée. Maintenant, j'en mange plus que les Suisses. Dans ce témoignage qui évoque la fondue, spécialité suisse par excellence, comme un stéréotype - on peut voir une différence de culture pour une personne qui vient d'Asie. Mais, après un temps d'adaptation, elle a su s'adapter, et le fait qu'elle « en mange plus que les Suisses » démontre son intégration.

Deux autres stéréotypes très courants sont évoqués sur un autre panneau : **la Migros,** célèbre chaîne de magasins alimentaires suisse et **la richesse des Suisses**. Ainsi, on peut lire les paroles suivantes : « Si on est riche, on ne va pas à la Migros, on envoie quelqu'un faire les courses ». Ainsi, la Migros apparaît d'une part comme un magasin populaire, et d'autre part, le fait de faire les courses est une activité qui serait peut-être une perte de temps. Ainsi, la richesse des Suisses, leur permet d'avoir une aide dédiée aux courses. Mais ce n'est heureusement pas le cas de tous les Suisses, loin de là…

Un autre panneau intitulé « Comment je vois l'argent », évoque également la thématique de la richesse. Il y est stipulé la chose suivante, une définition à laquelle on s'attend peut-être un peu moins :

« Être riche c'est avoir beaucoup d'amis, c'est peut-être plus important que d'avoir trop d'argent. Avec beaucoup d'argent, on a la voiture, la maison. Mais les riches, ils ont beaucoup de problèmes, et je ne les trouve pas très gentils. Ils sont souvent tout seuls. On n'est pas forcément heureux, si on est riche ». Ainsi pour cette femme migrante, la richesse des relations sociales est plus importante que la richesse pécuniaire, qui peut entraîner problèmes et solitude.

Au milieu d'un autre panneau noir, la propreté, stéréotype très usité est évoqué : **« La Suisse ? Avant , c'était très propre, mais maintenant, c'est quand même un peu moins propre. » Un autre stéréotype est la précarité de la condition féminine. « Comment être une femme me fragilise »** est le titre d'un témoignage où une femme affirme qu'elle ne supporte pas qu'on la touche, elle ne supporte pas le contact. Ceci n'est pas dans sa culture. Elle préfère les femmes fortes de caractères, elle-même étant seule en Suisse avec six enfants, son mari étant rentré au pays après leur séparation. **Cela met aussi en lumière le stéréotype de l'égalité hommes-femmes.** Ici mon mari s'occupe aussi des enfants. En règle générale, les femmes doivent s'occuper de l'espace privé, cette sphère qui est leur chez soi. Il n'ont souvent que peu accès à l'espace public. Pour la garde des enfants, le problème de trouver une place en crèche se pose souvent.[8]

---

[8] Selon les propos d'Annie Pinget, responsable d'Appartenances dans un l'article «Femmes et migrantes, elles affrontent un double

Comme on peut le constater, ces questions que se posent les migrantes, se retrouvent également chez les femmes originaires de Suisse. Ainsi, la migration a, en quelque sorte, une portée universelle.

c) Les raisons de l'exil

Un autre panneau s'intitule « Comment l'amour m'a traversé ». Il relate le témoignage d'une femme sénégalaise qui est venue en Suisse **pour suivre son mari qui était Suisse.** Ils ont eu une fille qui a aujourd'hui sept ans. Malheureusement, le mari est décédé et la femme se retrouve seule afin d'élever sa fille et doit affronter « toutes les particularités de la Suisse ».[9] Elle dit être bien entourée, mais que sa mère devrait être à ses côtés et que son mari ne devrait pas être mort.

En outre, un panneau s'intitulant « Comment j'ai cru étouffer » relate la situation d'une femme afghane et de sa famille. **Cette famille a fui le pays afghan à cause de la guerre e**t du décès de ses deux neveux et de sa sœur. Cette femme déclare : «J'ai vu beaucoup de choses très dures (...) Je dois apprendre à vivre avec ces images terribles. Ca fait comme un brouillard dans ma tête. »[10]

---

défi », paru le 03.04.2017 sur le site www.24heures.ch (article consulté le 28.07.2019).

[9] Voir texte du panneau concerné.

[10] Selon le texte du panneau.

d) L'apprentissage langagier et le travail comme clé d'intégration

Le panneau évoqué ci-dessus de cette famille d'Afghanistan qui a fui le pays à cause de la guerre, permet également d'évoquer la problématique de la langue et de l'intégration. En effet, **cette femme ne parle que le dari, alors que son mari et ses enfants parlent le français. Elle ne veut pas rester femme au foyer où elle se sentait comme en prison et veut s'intégrer par le travail.** Cela a eu pour conséquence qu'elle vit séparée depuis quatre ans. Dans ces conditions, l'apprentissage du français est difficile.

« Comment ça freine » est le titre évocateur d'un autre panneau qui met en avant le témoignage ayant **un diplôme de comptabilité dans son pays, mais qui n'est pas reconnu** en Suisse. Elle a pu trouver un travail, mais ce dernier ne correspond pas vraiment à ses aspirations. **Apprendre le français, lui permettrait d'évoluer. Une autre personne ayant fait des études de biologie espère peut-être les reprendre un jour.**

Un autre panneau reprend cette notion en s'intitulant **« Comment le français c'est la clé ». Une migrante y relate qu'elle utilise l'anglais en attendant de maîtriser le français, et qu'elle n'arrive pas à exprimer ce qui se passe en son for intérieur.**

De plus, un panneau avec le titre évocateur « Comment le travail m'autonomise » rapporte les propos d'une femme qui travaille de nuit dans une discothèque. Cela lui permet de construire ses repères et son existence. Elle connaît beaucoup de gens et elle se sent aussi concerner par les dérives de certains jeunes, ce qui la rend triste.

e) Les photos intégrées au sein de l'exposition
Les photographies sont très présentes car on peut y voir quatre panneaux images. En outre, d'autres photos illustrent les textes relatant les témoignages sur 13 panneaux.

- Les quatre panneaux images représentent un demi visage de femme noire, des cheveux noués, un visage de femme avec un voile rouge, des mains jointes laissant apparaître un seul œil dans le visage. Cela peut être très touchant pour le visiteur, car tout ceci relève de l'intime.
- D'autres photographies marquantes mêlées aux textes des panneaux sont par exemple le ventre d'une femme enceinte ou tout simplement un visage féminin de face ou de profil. Chaque photo est singulière et a sa propre expression.

f) Les photos et les impressions sur l'exposition
Ces témoignages sont très marquants, ils montrent le combat de ces femmes, afin de s'intégrer. Beaucoup de points positifs sont mis en avant dans le contexte de la migration. Le livre d'or de l'exposition en témoigne.

4) Synthèse

Concernant notre problématique de départ sur les facteurs d'intégration de la femme migrante et l'interculturalité, l'exposition met en avant les points suivants.

Les facteurs d'intégration seraient, selon les témoignages de ces femmes, l'apprentissage de la langue, le métier, le rôle en tant que mère, le soutien de l'entourage, des habitants du pays d'accueil (les Suisses) et des institutions (en aidant à trouver un travail, en organisant un soutien associatif...). Si les Suisses apparaissent très ouverts à l'interculturalité et à la découverte d'une autre culture, plusieurs freins ralentissent cette ouverture comme le racisme, le manque de contact, la barrière de la langue, la différence de mentalité (exemple gastronomique de la fondue), les habitudes de vie, les stéréotypes (richesse, propreté). Ces stéréotypes rendent difficile le nécessaire processus d'intégration de la femme en Suisse.

5) L'association « Appuis » à Mulhouse

L'association a été fondée en 2012, lorsque l'association ESPOIR a changé de nom et elle s'occupe plus particulièrement des familles migrantes et des réfugiés. L'association APPUIS est issue de la fusion, le 1er janvier 2013, entre les associations du secteur social Espoir Mulhouse (créée en 1979) et l'Echelle Colmar (créée en 1993). Elle est présidée par Geneviève MOUILLET.

Tout comme l'association suisse « Appartenances », elle dispose de plusieurs pôles : le pôle formation, l'insertion, le logement, le CADA, la parentalité, l'aide aux victimes, le pôle santé social …

L'association organise aussi des ateliers favorisant l'intégration des femmes migrantes ou des cours de français langue étrangère. Une vidéo en ligne[11] nous apprend ainsi que de septembre 2017 à septembre 2018, un groupe de femmes hébergées en CHRS par l'association Appuis ont fait un cheminement ensemble comprenant des ateliers de diététique, d'esthétique, d'écriture et de méditation. Ces ateliers, sur une durée d'un an et menés hebdomadairement, ont permis à ces femmes de retrouver une structuration et des repères, ainsi que leur émancipation. Ainsi, une femme se nommant Fatou, dit que maintenant elle « parle correctement, qu'elle peut trouver ses mots, qu'elle s'habille correctement. Une autre femme affirme que les ateliers cuisine lui ont été très utiles, elle peut les essayer à la maison, et elle et ses enfants commencent à mieux manger. Ces ateliers ont créée une dynamique de groupe, un lien social. C'était un point de repère, une structuration pour ces femmes. Ainsi, la diététique peut être vue comme un facteur d'intégration sociale, de resocialisation. C'est aussi le cas pour les ateliers d'esthétique qui incitent ces femmes à prendre soin et à s'occuper d'elles-mêmes. « Je suis femme et mère avant tout », dit l'une d'elle.

---

[11] *Voyage gourmand à travers nos sens*
https://www.youtube.com/watch?v=kXiCKia4Guc&feature=youtu.be

Des services d'interprétariat simultané sont proposés en présence des familles ou par téléphone. Nous pouvons par exemple citer l'exemple d'une assistante sociale qui suit une famille hébergée en CADA dont le mari parle allemand et russe. L'assistante sociale aura recourt à une interprète par téléphone. Un tel entretien peut durer jusqu'à cinquante minutes environ, selon les sujets abordés. Les thématiques sont toutes issues de la vie quotidienne, telles que factures, scolarité des enfants, démarches administratives

Une approche psychologique de la migration

Afin d'aborder une approche psychologique de la migration, nous nous basons sur une conférence donnée à Mulhouse en juin 2019.[12]

Lors de son travail en maternité gynécologie, l'intervenante Dominique Ditner, psychologue clinicienne à l'Unité Mères-Enfants du GHRMSA, a été confrontée aux histoires de vie de femmes migrantes arrivant sur le territoire français. Ce qui est souvent récurrent est qu'elles sont enceintes et ont fuit leur pays pour des raisons religieuses, des règlements de compte d'honneur, des exactions physiques, voire des viols.

Ces femmes sont souvent seules et enceintes de leurs agresseurs, de ceux qu'elles ont fuit. Enceintes, elles vont souvent en CADA ou CHRS en vue d'une première procédure de demande d'asile. Cela dépend si elles ont été déboutées. De la totalité des femmes migrantes que l'intervenante a rencontré, elles ne venaient pas de pays reconnus en guerre civile comme le Mali ou le Rwanda. Une alternative pour ces femmes est de quitter le pays, car elles ne peuvent pas y vivre en sécurité. Si elles ont été déboutées trois fois pour leur demande d'asile, elles restent sur le territoire français, mais elles vivent en clandestinité.

---

[12] Cette conférence a été donnée à l'OREE de Mulhouse, tout comme la conférence suivante évoquée au cours de ce travail.

L'intervenante a mis en avant, qu'effectivement, dans sa pratique en maternité gynécologie de Mulhouse, au Pôle Mère Enfant (Hôpital Emile Muller 3), elle a été confrontée à de telles situations. Une offre de soins y est bien constituée en direction de ces femmes bénéficiant de l'AME et ainsi d'un accompagnement social et assez souvent de l'accompagnement psychologique. L'intervenante déclare que lorsqu'elle travaillait en maternité gynécologique, la question des femmes migrantes était une question qui mobilisait les équipes et un accompagnement était proposé. Ce qui caractérise aussi le maillage autour de Mulhouse, de la couronne mulhousienne et campagne, c'est qu'il y a un réseau de périnatalité avec différents acteurs comme la PMI, l'ASE, les hôpitaux, les services sociaux. Les femmes migrantes ont souvent déjà un suivi par la sage-femme de la PMI, mais la grossesse est parfois compliquée, ainsi elle est bénéficiaire de soins avec accompagnement médico-social. Une fois par mois, a lieu un staff périnatal, où chacun arrive avec les situations qui ont suscité une préoccupation. Au sein de l'unité mère-enfant, il y a des gynécologues qui exercent en libéral, qui y participent, car ils effectuent des vacations au niveau de l'hôpital. Cela a suscité des questions parfois assez vives, notamment sur la question de l'hébergement, lors de situations migratoires clandestines, on compose le 115 mais c'est uniquement pour une nuit. Il y eut des débat autour de cela, d'un hébergement en journée, car un service de soin n'a pas vocation à être service d'hébergement.

Ces femmes souffrent de stress post traumatique et d'états dépressifs, en fonction de la gravité, on a créé des hébergements ou décidé d'une hospitalisation pour la mise en place d'un traitement, dans le contexte d'une pathologie associée à la grossesse.

La périnatalité en santé mentale comprend l'anténatal et le postnatal jusqu'aux 3 ans de l'enfant. En cas de dépression post-partum, ces femmes sont souvent prises en charge pendant un ou deux ans, jusqu'à ce que leur enfant aille en école maternelle. C'est donc un suivi long. La périnatalité prend aussi en compte l'antéconception, la question du désir d'enfant et des difficultés, la question de l'UME.

Le staff ne traite pas l'interculturalité, mais plutôt les maladies graves, les vulnérabilités, les antécédents, les critères de vulnérabilité.

Une question posée par une participante : Est ce que, par rapport à ce contexte, à la situation de chaque femme, de chaque maman, la culture d'origine est travaillée, est prise en compte dans l'accompagnement ?

Afin de revenir à la question de l'accompagnement, l'UME relève des compétences de l'ARS. L'UME a une mission de soins des troubles des mamans, mais aussi des troubles de l'enfant. Il y a une mission de soins et de prévention du côté de l'enfant, et pas seulement de l'adulte. La mère arrive avec ses caractéristiques culturelles dans son bagage, est ce que cela est pris en compte ?

En situation clandestine, l'AME finance la grossesse, mais il aussi question d'une hospitalisation en psychiatrie.

Mais, la prise en charge se fait principalement en ambulatoire, individuelle ou conjointe (avec l'enfant), dans un cadre psychothérapeutique, on va lui poser des questions sur son histoire et pas sur la question du maternage. Les pratiques de ces mères sont différentes des nôtres .

L'intervenante dit avoir eu une femme en hospitalisation complète, mais ce n'était pas une situation clandestine. Elle venait du Kosovo ou du continent africain. Une pratique de soin ou de contenance est pratiquée sur les nouveau-nés, c'est l'emmaillotage. Il faut faire attention, si le bébé ne bouge pas et le faire de manière souple. C'est souvent une collègue psychologue qui aborde cet aspect avec la patiente. La question de la culture d'origine sera évoquée, c'est-à-dire ce que cela signifie pour elle, et cela sera rapporté en réunion pluridisciplinaire clinique. L'emmaillotage fait partie de sa culture, chacun a un folklore, entendre quelque chose, visage du nouveau-né, ce que la maman a elle-même connue, maman de culture différente. Par exemple pour la position dorsale du bébé, les mamans souhaitent souvent autre chose.

Le service comprend une unité d'hospitalisation complète avec puéricultrices, infirmières et, en bas, le CMP, les bureaux professionnels des médecins, assistantes sociales, psychologues, cadres de santé. Ainsi un accompagnement peut débuter pendant l'hospitalisation, puis, quand la patiente est sortie, le travail peut être poursuivi. Aussi bien en hospitalisation complète qu'en ambulatoire, l'ajustement de l'accompagnement ou du soin se fait en fonction de la situation mère-enfant. Chaque entretien permet de verbaliser, ce qui se passe entre lui et sa mère, en situation de migration.

Lors d'entretiens individuels ou groupals, les mamans abordent leur situation migratoire, et doivent sortir de « l'abri » où elles se trouvent, elles consentent souvent à voir un médecin, qui pourrait soutenir leur demande d'asile. Sinon, des visites à domicile sont organisées (parfois, elles vivent dans des squats) , les maris ne sortent pas souvent, le service UME est une enclave, mais l'important c'est d'être la, être une sécurité pour eux. Car ces femmes sont en hypervigilance.

Question d'une participante : Si une femme transporte le bébé dans ses bras en voiture, que se passe t'il s'il y a la police ? Elle se fera arrêter.

Beaucoup de dames viennent à pied en consultation, en poussant leur poussette. L'enfant est né en France, elles sont arrivées toutes seules. En cas d'expulsion, elles auraient un billet d'avion sous trente jours, mais il y a un espoir de rester en France, comme le fils y est scolarisé (pour l'exemple donné par l'intervenante, le fils était en première année de maternelle, donc ce n'était pas possible).

Pour en revenir à la question psychothérapeutique, on doit tenir compte du contact avec le corps, du trauma, de la migration, du stress post-traumatique. Les femmes doivent tout expliquer de A à Z, souvent elles doivent le relater deux fois, ce qui réactive la mémoire traumatique. Une patiente donne par exemple une première version, puis lors d'une autre consultation à Paris, une seconde version. Concernant le stress post-traumatique, il est évoqué que les psychiatres alsaciens ne sont pas familiarisés avec ce concept.

Ensuite a été évoquée la question de l'accompagnement et de la prise en charge d'une femme arrivée sur le territoire français, après avoir été isolée par son geôlier, son passeur. On lui a proposé un massage bébé et un toucher conscient, ce qui n'était pas adapté. Les soignantes l'ont alors aidé à prendre conscience de l'enveloppe corporelle et de l'apaisement, notamment lors d'entretiens psychothérapeutiques. C'est un peu comme un fonctionnement de poupée gigogne, entre la mère et le bébé, il est question du holding de la mère, qui va appeler les émotions, le vécu corporel, développement psychomoteur. Le massage assis pour les mamans ou le taïchi permet également de resituer les interactions avec l'enfant. Dans le cas où une maman a une phobie d'impulsion, ou qu'une maman ait été violentée, maltraitée, l'offre, la proposition de soin et l'accompagnement doivent être réfléchis par rapport au statut du corps dans sa culture, où le corps prend un autre sens. Cela demande une vigilance supplémentaire. Ainsi, la maman veut ou ne veut pas de tel accompagnement . C'est ce que Marie Rose Moro a évoqué lors de consultations ethnopsychiatriques, en parlant de la question de chacun dans sa différence. Dans chaque groupe, on a sa culture, et on a est à chaque fois un étranger pour un autre, de toute manière.

La question du cododo est proposée en milieu hospitalier. C'est un moyen de sécuriser l'enfant. On a une modulation de la proposition d'accompagnement, de soins sur 3 mois, 6 mois, le holding de la mère, état de stress post-traumatique ou isolement, périnatalité. On peut se poser la question de la place de l'enfant : est-ce un bébé médicament, l'enfant doit trouver sa place. Puis a été évoquée une prostration d'une mère, passant la journée à regarder des novellas, les séries sud-américaines. La petite a développé une conduite d'attachement, d'agrippement féroce pour la mère. La mère l'a de moins en moins supporté. En consultation, elle a emmené la petite, ce qui est différent sur le moment, l'enfant est le porte-parole intrusif, invasif ; nous avons associé la mère, adossée à l'enfant. Ce qui permet d'aborder la question du jeu symbolique, l'intervenante évoque avoir, durant la consultation, imité le cri du bébé, afin de rejouer quelque chose avec ce bébé, afin d'améliorer ce comportement. Cette femme parlait le français et était originaire du Congo. Le français y reste quand-même présent par un référentiel, ce qui permet un accès à la langue du pays d'accueil.

Pour un accompagnement de soins, les frais d'interprète restent élevés (60 Euros par téléphone). La parole adressée à ces femmes-là, leur donne la possibilité de devenir un sujet, mais il y a une culture de la parole, les barrières de la langue. Il faut mettre des expressions dans les émotions ; les femmes arrivent avec leur culture. On a recourt à une communication très informative. Il faut travailler dans l'ici et maintenant de la relation, aborder les choses qui se passent avec l'enfant, de ce que la femme peut proposer à l'enfant et comment. Une situation qui a interrogé l'interlocutrice, fut une patiente, dont l'enfant est suivi en CMPP. On a pu communiquer avec la patiente en langue slave. Notre interlocutrice a ensuite du prendre le relais en tant que psychologue. Le problème portait sur un secret, que le mari ne savait pas. Cette femme avait été violée en présence de sa fille, lors d'un conflit ethno-religieux.

La patiente ne pouvait dormir, elle avait des flash-back, était inquiète pour sa fille, sa sexualité, le trauma généré sur un terrain auditif et visuel. Elle ne pouvait pas aborder cela dans un lieu familial, c'est un non-dit. D'un non-dit, on est passé à un mal-dit, on a un travail avec les mots, mais à contre sens. La situation était ubuesque. Lorsque son enfant était en école passerelle, elle allait mieux. On avait un effet de proximité, de transfert, que l'on retrouve dans les situations de précarité. (Equipe précarité). L'intervenante a essayé de travailler cela avec la patiente, il a fallu rebondir sur une situation d'une femme, qui a été agressée sexuellement au pays. Cette dernière n'en a pas parlé, même si ce n'était pas des viols.

La migration est un déracinement, une crise identitaire, lors d'une période de la parentalité. C'est une crise identitaire massive autour du devenir de la mère, du non-verbal, de l'intra-verbal. Il y a aussi l'accompagnement des pères. Le père est une figure d'attachement, un lien de filiation.

Ces femmes ont des repères spatio-temporelles en CHRS, où elles ont souvent leur domiciliation. Elles sont à la recherche d'une « tuteur de résilience », de pulsion de vie, afin de redynamiser quelque chose ou contenir quelque chose. (Voir des photos avec bébés dans les bras, l'Assistante sociale doit être sur la photo) . On a aussi des prises en charge avec deux professionnels, l'un pour la maman, l'autre pour l'enfant.

Ainsi, l'intervenante a simplement voulu apporter son témoignage.

Une approche philosophique de la migration

Voici quelques réflexions suite à une conférence de Lorin Louis éducateur spécialisé à l'Association Appuis, permettant une approche philosophique de la migration.

La question de l'immigration est ancrée dans l'actualité. En tant que professionnel du social, l'intervenant s'est proposé de réfléchir au sens des postures, et à amorcer une réflexion sur l'épreuve de la migration, de l'immigration et de l'émigration qui va bouleverser le migrant dans l'ensemble de ses actes. En effet, ces dernières années, la question de l'immigration, les guerres et le terrorisme sont devenus des enjeux majeurs. Dans ce contexte, on assiste au rejet des migrants. Comment optimiser l'accueil et le rétablissement du migrant et par quels moyens, quels dispositifs, serait-il possible de recréer les conditions d'émergence ? Il faut comprendre que la migration est un déracinement, interpréter la place des migrants dans le monde, savoir comment en tant que professionnel, un accompagnement est possible. Cette relation se négocie entre deux modes d'appartenance. Comment faire éclore cette alternative ?

Afin de structurer son approche, l'intervenant a proposé de suivre un « parcours des maux/mots », afin d'aborder la question migratoire, de l'immigration et de l'émigration, en passant par la nostalgie et le risque de déracinement. Il a également effectué un détour du côté des penseurs de l'Antiquité, (Platon, Sénèque) et de la religion scolastique de tradition chrétienne. Enfin, il a abordé le thème de la parentalité et la manière dont celle-ci se trouve impactée, voire stigmatisée par la question des migrants.

Il y a une profusion sémantique parfois instrumentalisée, des maux et des mots pour chaque situation. Il s'agira d'y mettre de l'ordre et de donner du sens. Entre les termes migration, départ, exil, il y a une question de sens, de va et vient et d'aller sans retour. Ce qui caractérise l'exil, c'est non seulement le mouvement, mais aussi ce que ce dernier produit, ce qu'il induit, ce qu'il entame, ce qu'il confisque.

Avant de réfléchir à cette question d'exil et de déracinement, de l'errance et de la dépossession, l'intervenant s'est tourné vers les mots.

Le mot « migration » est un dérivé d'un verbe d'action, d'un acte montrant la direction que va prendre cette action. En latin, cela signifie l'action du départ, de partir, de quitter ou de changer d'endroit. La signification résume le sens qui marque la direction. Non seulement, ce vers quoi ou vers où porte le départ, mais aussi ce que le migrant quitte, ce qu'il laisse derrière lui. Migrer, c'est se mettre en mouvement, un départ sans point d'origine, ni destination ; on migre sans justification, ni renseignement des contraintes éventuelles. Dans le cadre des origines du migrant, c'est donner sens à un débat sur la parité, le politique, l'écologique. La migration n'est qu'un mouvement auquel il manque le sens. On parle de mouvement des populations, de mobilité et de flux migratoire le cas échéant.

Il y a les mots, maux, jeux de mots, si la migration est un jeu tendu entre deux inconnues, elle se complète par les préfixes EM (Emigration) et IM (Immigration), encore faut-il entendre ces préfixe qui donnent la direction, qui disent d'où l'on part et d'où l'on vient.

D'un point de vue étymologique, le préfixe EM signifie le dehors, ce qui est extérieur, l'impression d'un mouvement qui va vers l'extérieur d'un endroit. IM au contraire indique davantage l'intérieur, le dedans, un mouvement qui va vers l'intérieur, un espace déjà existant vers lequel tend le mouvement. En un mot, émigration et migration insistent sur le là-bas et immigration et migration sur le ici. En effet, l'immigré est celui qui a quitté, l'émigré est celui qui arrive. C'est un continuum au sein du mouvement, ce sont deux termes qui s'opposent d'un bout à l'autre de la migration. Ici, l'émigré est celui qui part, qui clôt une partie de son existence – il quitte une terre qui ne lui appartient plus – et va s'épanouir dans son existence présente. L'émigré penche du côté du passé, de ce qui n'est plus, l'immigré balance toujours du côté du présent. Il est dans l'ici et maintenant, jamais fixé en tant que tel. Il reste dans cet état d'arrivée, coincé dans un état définitionnel, qui ne l'autorise pas à poser ses bagages. C'est son présent qui le définit. Alors que pour l'immigré, on parlera d'avantage d'un passé fondateur qui évoquera pour l'immigré un présent définissant. Cet état des mots/maux s'enrichit lorsque l'on substantifie le mot, comme si le mouvement était toujours reconduit lorsque l'on parle d'émigrant et d'immigrant, permettant une définition de l'être, de la personne.

Ce qui oppose dans la simple question terminologique les termes « émigrants » et « immigrants » pourrait se définir dans la question du choix. L'émigré qui avait le choix de partir, même s'il n'en avait pas entièrement la souveraineté, même s'il y a des circonstances impossibles à contrôler. Entre partir ou mourir, entre partir et risquer sa vie, il reste toujours un choix à faire, une décision à prendre. Le migrant a choisi de partir, il a choisi de partir mais pas connaissance de son lieu de destination. Il pourra arriver ailleurs, rien n'assure qu'il restera, mais ce dont un émigré est sûr, c'est qu'il a fait le choix de quitter un pays, une terre, une ville ou un village.

L'émigré est dans le refus de ce qu'il quitte, pas dans le désir, au contraire, l'immigré arrive, c'est de cela dont on est sûr, il arrive mais pas forcément là où il avait choisi. Il est dans le désir de ce quelque part, pas forcément dans le refus.

L'exilé se tient dans cet entre-deux, il est autant émigré, qu'immigré. Il est dans le refus de ce qu'il quitte mais ne peut pas faire autrement et ne désire pas forcément être là où il est. On verra donc, à côté de cette topologie, ces différents espaces de l'exil, un pathos un vécu de l'exil qui conditionne l'être lui-même. Nous pouvons ainsi voir que l'étymologie latine du mot « exilé » a différents sens, reposant sur une factualité a posteriori, c'est-à-dire que la construction de l'étymologie a été fixée au cours du temps et de l'usage pour correspondre à l'identité juridique que nous nous faisons de l'exil. Il y a donc plusieurs interprétations à envisager, dont la plus populaire est celle qui fait dévier l'exil de «ex» sur, en dehors du sol, en dehors de sa terre. Cette première lecture du mot entend donc la définition juridique de l'exilé, celui que l'on chasse de sa terre natale, qui n'a plus sa place dans son lieu d'origine et qui se trouve sur une terre qui n'est plus la sienne. C'est effectivement la représentation première que la modernité retient de cette définition.

Une deuxième interprétation avec le préfixe « ex » et le radical verbal peut donner le sens de l'expulsion, envoyer dehors. Ici, nous trouvons la notion d'action, d'arrachement, d'une extraction d'un contexte familier vers un ailleurs dénaturé. L'exilé est celui qu'on expulse, il n'a pas choisi de ne plus être où il était. Dans cette étymologie apparaît la question de la sanction et de l'arbitraire. Si l'on est expulsé, c'est que quelqu'un ou quelque chose nous expulse, nous n'avons pas la maîtrise de cette expulsion, nous sommes passifs. Il apparaît une dénomination punitive de l'exil et un trauma sur le plan psychologique. La troisième lecture accole toujours ce préfixe « ex » au radical « solus », comme seul, entier, immigré. On pourrait instinctivement penser qu'il s'agit d'insister sur l'isolement, l'esseulement de l'exilé, du déracinement loin des siens, de sa culture, de ses terres. Ce n'est pas complètement faux, mais l'adjonction du préfixe interroge, on pourrait entendre qu'il s'agit d'un état de l'exilé, de sa nouvelle condition de vie. Il doit sortir de son unité, de ce qui lui est singulier. En étant sorti de sa terre natale, de son lieu de vie, il sort d'une certaine manière de ce qu'il est, de ce qu'il fait. Ce détour fait par l'étymologie, montre la confusion qui apparaît lors de la question de la compréhension de l'exil. Ceci met en avant la complexité de l'exil. D'une part un déracinement, également un arrachement et une déformation de ce qui fait l'être singulier de la personne exilée, voire une aliénation, ne plus être soi-même.

Revenons à la topologie. Il y a deux espaces identifiables dans le mot exil. Dehors, on a un espace originel, pleinement déterminé, positif, qui demeure totalement nécessaire, c'est-à-dire conditionné, et ne pouvant être autre. Le deuxième espace, c'est l'espace d'arrivée, négatif et contraignant. Des conditions aléatoires ont fait ce qui en est. Mon appartenance à l'espace d'origine définit ce que je suis, ce qui apparaît dans cet espace-là, ce qui m'est nécessaire pour être ce que je suis. Le migrant a la possibilité d'exposer les racines à un inconnu, mais la possibilité de retrouver une terre ou son intégration n'est nullement assurée. C'est comme une plante que l'on rempote. Cet enracinement, ce déracinement d'un point de vue psychologique est traumatique. Souvent, les conditions de départ ne sont pas maîtrisées. Ce déracinement est toujours une violence, une expulsion, une obligation, même s'il y a toujours un choix à faire. L'alternative de partir ou mourir, l'exilé choisit la vie à la place de la mort. L'exil constitue une concession d'une part de soi, de son être, « partir c'est mourir un peu ».

L'exil comporte une part conséquente d'un deuil impossible à réaliser. L'exil c'est l'idée d'une perte d'un lieu d'origine auquel on était lié, perte d'un sol nourricier, perte des repères de ces lieux, des usages familiers qui se forgent. Si j'arrive dans un autre pays, il n'y a pas de nécessité à ce que ce soit le pays de destination, il n'a pas participé à la construction de ce que je suis.

Il y a également un mouvement entre l'espace 1 et l'espace 2, comme étant l'espace de parcours, du voyage qui va donc d'un espace connu à un espace inconnu, d'un lieu de racine à un lieu de voyage de référence et de sens pour l'être de l'exilé. Il a été dit que l'exil ne peut se réduire à une translation géographique, le fait de passer d'un pays à un autre induit le complexe du voyageur sans billet de retour. L'exil touche l'intimité de l'être et la manière dont il perçoit le monde. L'exil frappe l'être, l'ébranle même. La notion d'arrachement peut ainsi être associée à la question du déracinement. C'est d'ailleurs cet aspect qui est perdu, que l'exilé laisse derrière lui, qui cesse de vivre à ses yeux pour demeurer en photographie. C'est aussi cette dimension modifiée, qui marque l'expérience de l'exil. L'exilé laisse son monde derrière lui, un monde qui continue de vivre sans lui. Ce dernier survit, c'est-à-dire il continue lui aussi de vivre dans son sens. Les choses laissées derrière lui, dans sa mémoire en capturera des réminiscences, ce qui nourrira des fantasmes, dont sera composé ce concept crucial et cruel de nostalgie. Nous verrons ce pathos de l'exil qui constitue la notion fondamentale de nostalgie.

Le départ de l'exilé est donc une des particularités de ce qu'est son identité. La privation vécue dans son déracinement est souvent amenée à se développer en laissant une part de ses racines. Ainsi, l'exilé se trouve en excédant de ce qu'il porte, il a une familiarité qui ne coïncide plus avec l'endroit d'où il arrive et qui n'est plus nécessaire. Ce qui résonne avec le déracinement de l'exilé, c'est donc sa fatale défamiliarisation. Il est étranger en un pays qu'il n'a pas forcément choisi. Ce monde qui lui paraît étranger, ce qui pourrait lui paraître simple et sensé dans sa vie de tous les jours, ne lui appartient plus en propre et nécessite de trouver de nouveaux repères. Il demeure ainsi cette priorisation dans le contexte même, une pensée qui lui revient d'abord, et qu'il revit pour garder ce qui était temporairement ou définitivement perdu. Ce sentiment d'un retour impossible sur une douleur d'affection, c'est le sentiment de nostalgie. On connaît l'étymologie du mot « retour » et « souffrance », littéralement le retour de souffrance. Ce concept est souvent confondu avec le deuil, la dépression, voire la mélancolie, auxquels elle emprunte bien des aspects. C'est aussi ce que l'on constate chez les réfugiés, demandeurs d'asile, une souffrance qui s'apparente au deuil, de la dépossession avec des réactions que l'on classe en tant que troubles post-traumatiques. Cette clinique décrit des états psychiques successifs par lesquels passe celui qui a quitté son pays natal. La dépression, fantasme de renaissance, le trauma, la nécessaire désillusion, autant d'étapes que l'on retrouve chez ceux qui changent de pays. On peut préciser que la nostalgie est une idée plus forte que celui qui veut retourner dans son pays, ici, c'est une idée d'un possible retour, mais aussi d'avantage des conditions de vie. Celui qui est expulsé de son pays natal va souvent vivre une nostalgie sans faille, il se retrouve en terre étrangère. Ce qui peut caractériser la nostalgie est un rapport au temps de deuil, l'impossibilité de procéder au deuil de l'objet, pour ne pas s'en séparer. L'objet est gardé à l'intérieur de nous. Nous nous identifions à lui, lui adressons toutes nos reproches. Le moi se trouve ainsi scindé, une partie de lui fonctionnant normalement, et l'autre s'occupant de cet objet. On peut voir une certaine oscillation entre deux positionnements liés à la nostalgie elle-même. Le deuil est à l'opposé un évitement de la nostalgie, vécue comme dangereuse, la nostalgie est une perte et un deuil impossible. Pour que la nostalgie émerge, il est important qu'un deuil puisse être réalisé. Il s'agit d'une histoire refoulée, d'un passé proche ou lointain qui ne s'extériorise pas et qui laisse place à la nostalgie au lieu d'un refoulement violent. La perte ce n'est pas seulement ce qui a disparu, c'est aussi pour beaucoup, ce qui n'a pas pu advenir du fait des événements, ce sont les potentialités perdues, c'est une existence traversée par le traumatisme. Ce n'est qu'à cette condition et après un travail psychique intense, qu'on peut redevenir vivant et cesser d'être un mémorial de ce qui n'est plus. Cet état de population marque une mutation particulièrement cruelle.

Pour conclure cette partie consacrée aux concepts, c'est la singularité de l'expérience de l'exil, qui se situe en de nombreux endroits, qui viennent d'être décrits. D'abord l'exilé fait l'expérience d'un monde privé de soutien (qui lui permet de repérer cela dans son rapport à son environnement et à son histoire). Ensuite, il est défamiliarisé avec la vie quotidienne, ce qui l'empêche de conduire une vie simple, au cours de laquelle, il agirait avec aisance et confiance au monde. Enfin, ce que l'exilé perd avant tout, c'est la possibilité de s'approprier le monde et sa propre condition. Cette départition de soi, l'exilé cherche à vider son espace et son temps. Il se trouve non dans une vérité subie, mais en tord en concevant ce qui a ce qu'il est, en continuant de vivre par procuration nostalgique. Mais l'exil n'est pas qu'une expérience négative. Nous avons vu que cette ambivalence entre conditionnement et libération, est la perte de ce qui fait la condition de soi et la possibilité de dépasser, voire de sublimer cette condition. Et c'est du côté des philosophes que nous trouvons ces consolations, un être qui alors n'est plus totalement dépossédé de lui-même, trouve une opportunité à cette dépossession. Dans l'actualité de la philosophie, il est possible de voir un possible va et vient d'une conscience qui ne saurait trouver repos. L'exilé est mené sans cesse à l'endroit qui n'est pas le sien, tentant de corriger ce regret qui se substitue à l'espoir. Pour les Anciens, la philosophie est l'expression d'un exil, une âme exilée dans le corps, dans un corps qui face à la nature , n'est pas son substrat. Platon, dans sa théorie de la connaissance, voyait le monde de manière un peu binaire, c'est-à-dire qu'il a noté des choses, qui sont relatives au corps. Les choses relatives à l'âme sont les idées, l'unité, l'universalité, et les choses relatives au corps. Les choses relatives à l'âme sont les idées, l'unité, l'universalité et les choses relatives au corps sont les choses qui sont diverses, les choses semblables et dispersées. Platon dans « Phèdre » raconte que l'âme faisait partie d'un monde unique, d'un monde entier, universel, d'un monde des idées. Par le fait des choses, l'âme a été amenée à chuter dans un corps et à se retrouver donc emprisonnée dans ce même corps. L'âme s'est retrouvée exilée, dans un corps qui lui est totalement différent. Mais de cet exil, il n'en demeure pas rien, et de ce que l'âme a vécu en tant qu'idée, il lui reste ce qu'elle a pu contempler et elle porte en elle l'âme, le souvenir, la réminiscence, le rappel de ce qu'elle a peu vivre en tant qu'histoire universelle C'est à nouveau un retour, c'est ce qu'on appelle la philosophie. Pour Platon, le fait de pouvoir accompagner l'âme dans le monde des idées, de pouvoir aller vers l'autre par la pensée, c'est par le biais de la philosophie. Un exilé porte ce qu'il a laissé derrière lui, il transporte encore des choses qui doivent être autant d'inspiration avec la chose universelle et c'est là où la possible rencontre avec la vérité se fait. Nous pouvons pencher du côté de Sénèque qui est aussi dans cette même optique.

Sénèque a fait l'expérience de l'exil politique. Il a été exilé par l'empereur Claude. Ainsi, on a les concepts, une pluralité, un seul concept d'une idée, d'une variable. Pour Platon, l'âme est exilée dans le corps, mais elle garde des ressources de ce qu'elle était auparavant. Et de cette expérience là, il a écrit un livre qui s'appelle « Les Consolations », un livre dans lequel il va un peu développer sa philosophie. C'est un penseur stoïcien et la philosophie stoïcienne se trouve à l'aune de cette expérience d'exil. Donc, il écrira ses consolations, au cours de son exil corse, comme exilé ayant fait face à la mortalité et à la souffrance. Dans la première partie dédiée à sa mère Elia, Sénèque décrit l'exil comme partie du mouvement, au même titre que l'immigration ou le voyage. Cette définition a minima de l'exil est essentielle. S'il est un point que Sénèque nous rappelle constamment, c'est de ne pas se perdre dans la nostalgie, la terre perdue. Sénèque écoute d'abord le jugement de la majorité qui juge l'exil comme situation cynique et détestable, par la démonstration des principes stoïciens de sagesse et de détachement. Ainsi, à ceux qui disent qu'être exilé de sa patrie c'est chose bien pénible, il rétorque qu'il suffit de constater combien sont nombreux ceux qui délaissent leur terre natale pour trouver la richesse et rendre les obligations de charge publique. L'exilé emporte avec lui ses biens, Sénèque parle de la hauteur d'âme. Si les lois et possessions matérielles sont à la merci du destin, elles ne sauraient constituer la contemplation du dessein céleste, qui ne dépend pas du lien ou de l'entourage. Sénèque dégage une philosophie positive, le déracinement nous détache de considérations matérielles et nous engage à la contemplation du commun. Le dénouement nous ouvre les yeux sur la nécessité de la contemplation et cette dernière permet l'appréciation de la liberté de l'âme. C'est l'universel qui valorise l'expérience de l'exil. Pour Sénèque, être obligé de quitter une terre ne relève pas du tracas, mais c'est bien une opportunité de s'extraire d'une des particularités de l'exil. Le cosmos est réduit à sa terre natale. Dans la philosophie de tradition scolastique chrétienne, l'homme est naturellement un voyageur. On pense notamment à Saint Augustin.

Le concept de la parentalité

La parentalité est un néologisme datant de la fin du 20e siècle, venant de la sphère médico-psychosociale pour définir la fonction d'être parent, surtout dans ses aspects juridiques.

Dans ce contexte, on peut aussi évoquer Hannah Arendt, politologue, philosophe allemande (1906-1975) et son ouvrage « La tradition cachée. Le juif comme paria ». En onze essais, l'auteure y aborde la questions des réfugiés, apatrides, personnes déplacées, sans droits…

La parentalité est une expression qui se retrouve aussi chez Marie Rose MORO[13], qui envisage différentes strates. Elle

---

[13] Cette auteure a également été évoquée précédemment par Dominique Ditner.

aborde la façon d'être de l'enfant, sa construction, il y a mille manières d'être parent. Il s'agit aussi de la question de l'identité, de la notion de transmission.

Nous pouvons également évoquer le schéma sur la parentalité évoqué par le rapport de Didier HOUZEL, ce qui permet d'envisager différents axes :

Les différents axes de la parentalité[14]

Expérience	Pratique	Exercice
Relation affective	Tâches domestiques/soins/ surveillance	Prérogatives
Attention	Education / socialisation	Droits et devoirs
Ressentis à	Niveau	Filiation,

[14] Voir l'ouvrage de Didier Houzel, *Les enjeux de la parentalité*, 1999. Didier Houzel est un pédopsychiatre et psychanalyste français. Voir le site https://www.transculturel.eu/marierosemoro/Une-pratique-irrespectueuse-La-prise-en-charge-transculturelle-des-parents-migrants-et-de-leurs-enfants_a18.html (site consulté le 30 novembre 2019).

chaque niveau	parental/éducatif	généalogie, niveau juridique.

L'autorité parentale : droits et devoirs des parents, ayant pour finalité l'intérêt de l'enfant.

Loi n°2002-305 du 4 mars 2002, art.2)

On peut ainsi se poser la question, comment garder l'identité de l'exilé, dans un contexte de transculturalité ? Le préfixe TRANS permet d'évoquer les possibles passerelles.

Une approche littéraire de la migration

Christa Wolf était une écrivaine vivant en RDA, elle fut le porte parole de son pays. Auteur engagé, elle a décrit avec distanciation, les conditions de vie en RDA et en RFA ou également en Amérique, dans certains de ses essais comme *Ici même, autre part* (1999). Lors d'un séjour de résidence d'écriture en Amérique, elle y relate la confrontation avec la pauvreté en Amérique et la mendicité dans les parcs. Elle se voyait elle-même comme migrante, car elle avait dû quitter l'Allemagne dans les années 1990, étant exposée aux attaques politiques des dossiers de la Stasi[15]. Elle a su s'adapter à son pays d'accueil, où elle avait résidé durant un an, avant de revenir en Allemagne – grâce à sa connaissance de la langue et de la culture du pays d'accueil.

En outre, nous pouvons également nous intéresser au concept de migration « interne » au sein de l'Allemagne, entendant par là les migrations de la RDA en RFA. Ce fut le thème d'un des premiers romans de Christa Wolf, *Le Ciel partagé,* paru en 1963, qui relate la « migration » de Manfred, un ingénieur, en Allemagne de l'Ouest.

1) La perspective de l'Ouest et la migration interne

---

[15] Stasi = Staatssicherheit = Police secrète de l'ancienne RDA.

Avec la division allemande, la thématique politque du livre est évidente. Les événements historiques y sont pourtant à peine évoqués par l'auteur. Ainsi, le lecteur doit avoir une connaissance précise des événements. Dans le prologue et l'épilogue du livre est évoqué un danger de guerre se référant à la crise de Berlin. Dans ce contexte, on fera allusion à la migration massive de citoyens de la RDA vers l'Ouest.

C'est la „migration interne".

Dans le roman *Le Ciel partagé* deux aspects de l'Ouest sont décrits. Dans un premier temps, les avantages d'un régime capitaliste, mais ceux-ci ont également leurs inconvénients.

Pour les citoyens de la RDA, l'Ouest désigne tout d'abord l'espérance de meilleures conditions de vie. Cette espérance se reflète en général au sein de la sphère privée et publique, jusque dans le paysage et la nature même de l'Allemagne de l'Ouest. Le fait pour les gens de l'Est d'apercevoir ces paysages, leur donne à nouveau espoir. L'Ouest est aussi synonyme de « monde libre ».[16] Il évoque avant tout la nostalgie, qui comme nous l'avons vu prudemment au cours de nos réflexions, est un trait très répandu pour les migrants. Ainsi, un personnage déclare que le fait d'évoquer des noms comme la Forêt Noire, le Rhin, le lac de Constance éveille en lui la nostalgie.[17]

---

[16] Ibid. p.205.

[17] Ibid. p.214.

L'Ouest est aussi un pays de richesse et d'abondance. En effet, le café et les cigarettes sont des choses qui sont rares à l'Est, tout comme les oranges ou le chocolat.

Au cours du texte, il est aussi évoqué la migration d'un chef d'atelier, mais ceci est décrit comme une décision négative et taboue.

L'autre Allemagne n'est pas un pays ennemi, mais comprend parfois quelques éléments de désespoir et d'étrangeté. Ces sentiments sont souvent ressentis par les migrants en terre inconnue. Christa Wolf a nouvellement recours à la métaphore de la nature, en décrivant des parcs dénaturés à l'Ouest, la ville de Berlin sans âme, avec un sentiment de vide. Elle évoque que la langue allemande, le langage parlé ne semble pas être identique à celui de l'Est. Enfin, il ne faut pas oublier qu'à partir de 1949 jusqu'au 13 août 1963 (date de la construction du mur), 2 686 942 personnes ont fui l'Allemagne de l'Est vers l'Ouest. La « migration interne » fut donc considérable. Cela représente un septième de la population totale.[18]

---

[18] Voir les indications in H. Müller : *Schlaglichter der deutschen Geschichte, Bundeszentrale für politische Bildung*, Bonn, 1996, p.363.

Conclusions et perspectives

Le thème de la migration et de l'interculturalité a été très dense tout au long de nos réflexions. Avec comme point de départ une exposition sur les femmes migrantes de l'Association suisse « Appartenances », nous avons su tisser des liens vers la psychologie, la philosophie et la littérature. La condition des migrants y est traversée par une situation interculturelle et transculturelle singulière. Les phénomènes d'interactions, d'ethnopsychiatrie, de psychothérapie, d'étrangeté, de nostalgie[19], de parentalité y sont récurrents. Ainsi, la question de la migration doit toujours être repensée dans sa globalité, afin de s'ouvrir à de nouvelles perspectives, qui seront évoquées dans la seconde partie de ce travail.

---

[19] Le concept de nostalgie peut être approfondi par la lecture de l'ouvrage d'André Bolzinger, *Histoire de la nostalgie*, Editions Campagne Première, 2007.

Annexes : quelques illustrations

Clichés de l'exposition
de l'Association « Appartenances » à l'Université de
Mulhouse, Maison de l'Etudiant au printemps 2019.

(Photos : Martine Schnell)

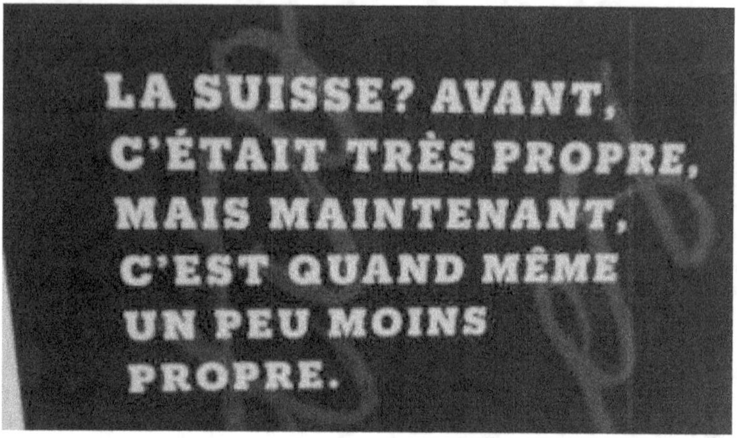

LA SUISSE? AVANT,
C'ÉTAIT TRÈS PROPRE,
MAIS MAINTENANT,
C'EST QUAND MÊME
UN PEU MOINS
PROPRE.

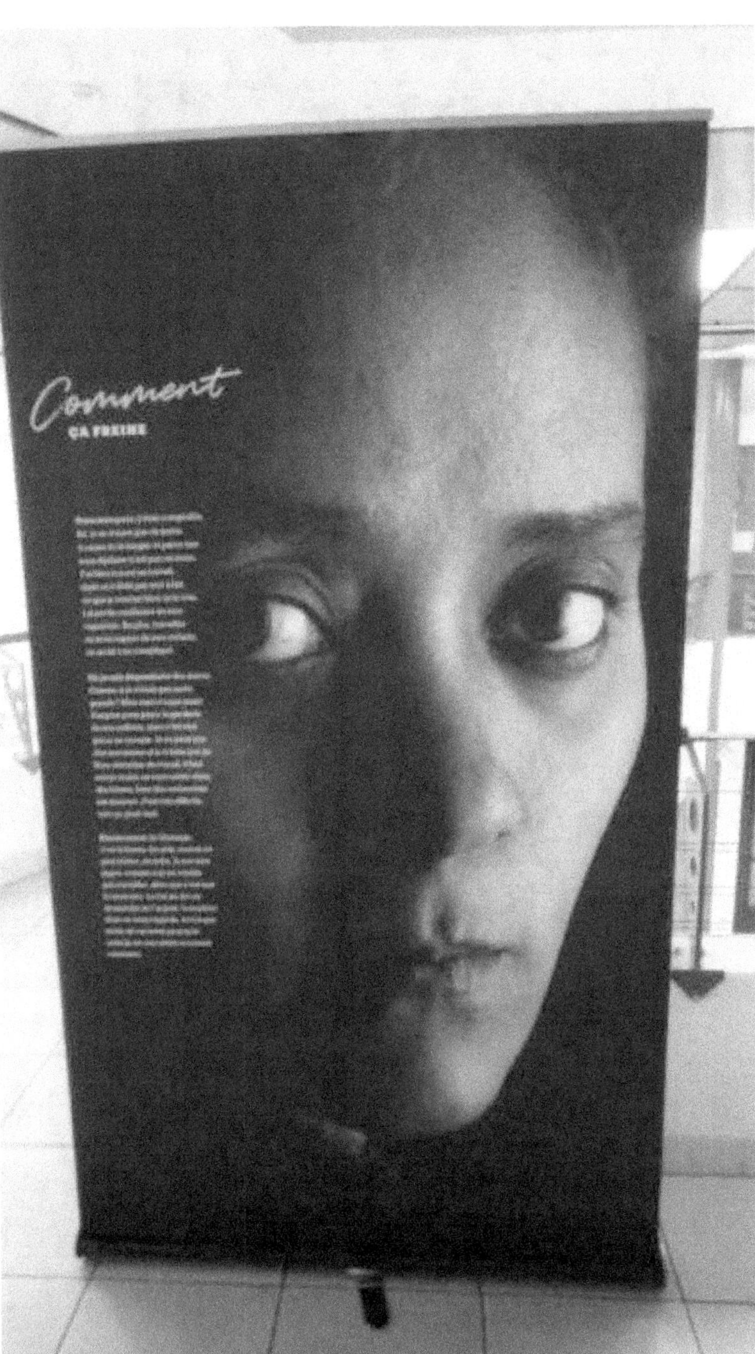
Comment
ÇA FREINE

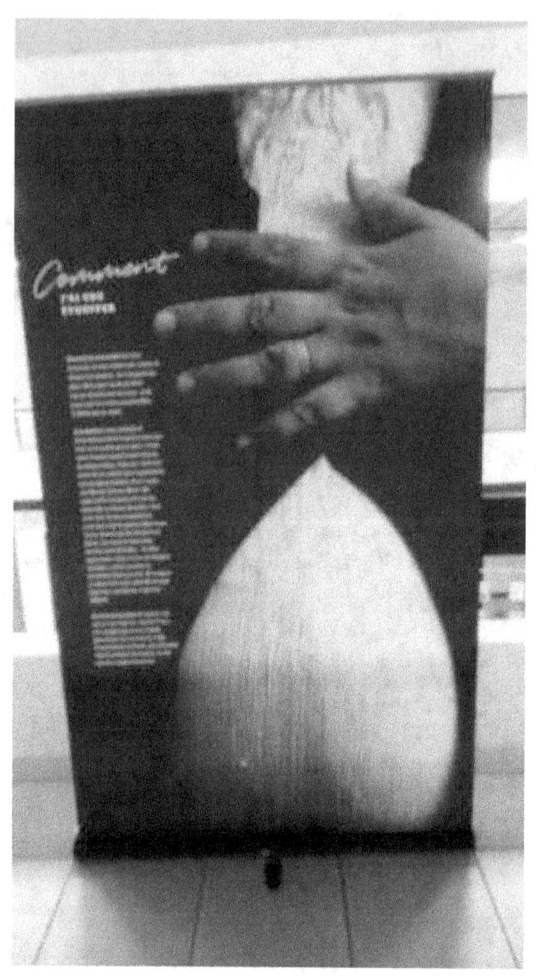

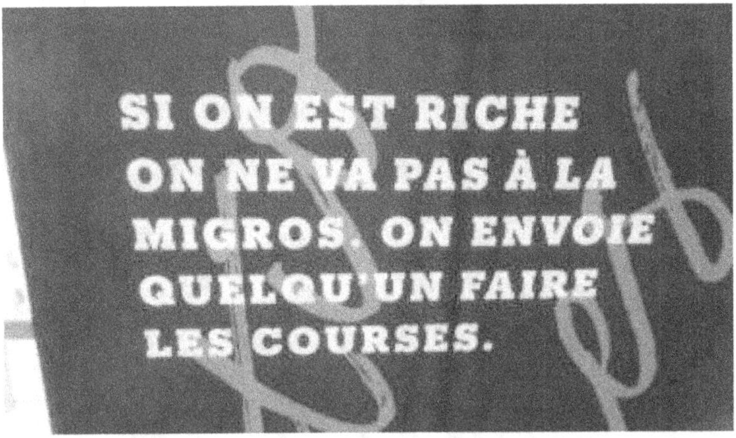

SI ON EST RICHE
ON NE VA PAS À LA
MIGROS. ON ENVOIE
QUELQU'UN FAIRE
LES COURSES.